BEI GRIN MACHT SICH IHR WISSEN BEZAHLT

Sebastian Ketting

Der Einfluss von collective self-esteem auf die Wirkungs-weise des big-fish-little-pond-effects

Empirische Befunde und praktische Anwendungsmöglichkeiten

GRIN Verlag

Bibliografische Information der Deutschen Nationalbibliothek:

Die Deutsche Bibliothek verzeichnet diese Publikation in der Deutschen National-
bibliografie; detaillierte bibliografische Daten sind im Internet über http://dnb.d-
nb.de/ abrufbar.

Impressum:

Copyright © 2012 GRIN Verlag GmbH
Druck und Bindung: Books on Demand GmbH, Norderstedt Germany
ISBN: 978-3-656-30672-6

GRIN - Your knowledge has value

Der GRIN Verlag publiziert seit 1998 wissenschaftliche Arbeiten von Studenten, Hochschullehrern und anderen Akademikern als eBook und gedrucktes Buch. Die Verlagswebsite www.grin.com ist die ideale Plattform zur Veröffentlichung von Hausarbeiten, Abschlussarbeiten, wissenschaftlichen Aufsätzen, Dissertationen und Fachbüchern.

Besuchen Sie uns im Internet:

http://www.grin.com/

http://www.facebook.com/grincom

http://www.twitter.com/grin_com

**TECHNISCHE
UNIVERSITÄT
DRESDEN**

Fakultät Mathematik und Naturwissenschaften

Fachrichtung Psychologie

Institut für Arbeits-, Organisations- und Sozialpsychologie

Professur für Sozialpsychologie

Lehrveranstaltung: S Sozial-psychologische Aspekte – Sommersemester 2012

Der Einfluss von des collective self-esteem auf die Wirkungsweise des Big-fish-little-pond-effects

—

Empirische Befunde und praktische Anwendungsmöglichkeiten

Name: Sebastian Ketting

Studiengang: MA Höheres Lehramt für Gymnasien Geschichte/ GRW

Fachsemester: 2

Inhaltsverzeichnis:

1. Einleitende Bemerkungen:

Beginn des Studentenlebens — erstes Semester — neue Hochschule: Nach der anfänglicher Euphorie für die neue „Welt" der Universität beginnt gezwungenermaßen äußerst schnell die unmittelbare bewusste oder unbewusste Auseinandersetzung mit den stärksten Seminarbeiträgen der anderen Studierenden. Ein halbes Jahr vorher noch eine(r) der Besten in diversesten Abiturkursen — heute schon lediglich eine(r) unter vielen leistungsstarken Studenten, die, anders als noch der Durchschnitt zumeist in den Abiturkursen, über starkes Interesse und Motivation verfügen. Die Situation, plötzlich nur noch „der kleine Fisch im großen Teich" zu sein, besitzt in unterschiedlicher Ausprägung einen irritierenden Einfluss auf das vorhandene individuelle akademische Fähigkeitskonzept. Bei weitem nicht ausschließlich an der Universität oder gar nur in schulischen Kontexten — ob bewusst oder unbewusst — jeder wurde schon mit jener psychologischen Theorie konfrontiert, die unter vielfältigen Namen bekannt ist: der *Frog-Pond* Effekts, Fischteicheffekt oder auch beispielsweise Bezugsgruppeneffekt.

Was ist theoretische Bezugsrahmen dieser Theorie? Im weitesten Sinne zumindest steht diese im Zusammenhang mit dem Konstrukt der sozialen Bezugsnorm. In der Lehr-und Lernpsychologie gibt es zahlreiche Gründe, von dieser Abstand zu nehmen und stattdessen die sachliche, bzw. noch präferierter, die individuelle Bezugsnorm im Umgang mit Lernenden anzuwenden. Ein Grund für die übereinstimmende Ablehnung der Wissenschaft dieser Norm ist exakt *diese* Theorie des *Frog-Pond* Effekts. Im Zentrum der Leistungsreflexion steht nämlich hier der Vergleich mit der engsten bekannten sozialen Referenzgruppe und nicht die mit den eigenen, vorhergehenden Leistungen, Schwächen und noch verfügbaren Potenzialen zur Steigerung. Doch tatsächlich ist die Anwendung von Bezugsnormen im Schulalltag immer wieder unreflektiert anzutreffen, auch wenn die enormen Schwächen dieser sozialen Bezugsnorm eigentlich weitgehend bekannt sind. Eine Beschäftigung und Weiterführung dieser, im Kern, trivialen Theorie ist daher von großer Bedeutung, um die immer wiederkehrenden Fehler im alltäglichen Lehr-Alltag immer tiefgründiger zu überdenken.

Besonders bedeutsam wird dieser *Frog-Pond* Effekt, da es um die eine der hauptsächlichsten Begründung geht, warum die Anwendung der sozialen Bezugsnorm abzulehnen ist: das eigene Fähigkeitskonzept wird, abhängig von der jeweiligen eigenen Position in einer starken oder schwachen Bezugsgruppe, signifikant beeinflusst.

Wie bereits einführend deutlich geworden ist, ordnet sich das fokussierte Phänomen in einen bestimmten Theorierahmen ein. Besonders die Erkenntnisse Marsh's (1984/1987) waren grundlegend für die weitere Forschung, was sowohl die Erkenntnisse, als auch dessen Methodik zur Untersuchung des big-fish-*little-pond-effects* (BFLPE) betrifft. Im weiteren Verlauf der vorgelegten Arbeit steht zunächst einmal die Erhebung *der* empirischen Befunde im Mittelpunkt, die die Grundlage fortfolgender Überlegungen bilden. Dabei befinden sich Studien von Buehler/McFarland (1995) im Fokus, die den Einfluss eines Kollektiv-Selbstbewusstseins[1] auf die Verarbeitung von Feedback im Hinblick auf den BFLPE untersuchten. Den Abschluss der Arbeit bilden Anwendungen der gewonnenen Erkenntnisse auf die Praxis der Schule. Dabei liegt der Fokus auf den Prämissen jener sich bestätigenden Hypothesen, die mit dem besseren Umgang mit verschiedenen Arten von Feedback verknüpft sind. Da jene positiv mit dem Vorhandensein eines Kollektiv-Selbstbewusstsein korrelieren, gilt es, Handlungsanweisungen zu formulieren, die genau ein solches Verständnis der Schüler fördern.

2. Theoretischer Hintergrund

Zwei der grundlegenden Studien für jegliche weitere Forschung hinsichtlich dieses Bezugsgruppeneffekts sind jene von Davis (1966): *"The campus as a frog pond: An application of the theory of relative deprivation to career decisions of college men"* und von Herbert W. Marsh und John W. Parker (1984): *"Determinants of student self-concept: Is it better to be a relatively large fish in a small pond even if you don't learn to swim as well?"* Hauptkenntnis dieser Studien ist es, dass sich der Besuch von Schulen, die den Anspruch besitzen, höhere Fähigkeiten auszubilden bzw. deren Schüler aus sozioökonomisch starken Bevölkerungsschichten entstammen, statistisch gesehen signifikant negativ sowohl auf das akademische Selbstkonzept, als auch auf die tatsächliche akademische Fähigkeit bzw. Leistung auswirkt (Marsh/ Parker, 1984). Allein die Tatsache, dass Marsh/Parker zwar aus psychologischer Perspektive zur Schlussfolgerung gelangen, dass die im Forschungstitel gestellte Hypothese sich verifiziert, in allerletzter Konsequenz aber aus bildungspolitischer Sicht durch all die moderierenden anderen Faktoren nicht eindeutig postulieren können, ob eine leistungsstärkeres- oder schwächeres Umfeld zu bevorzugen sei (Marsh et al., 1984, S. 230), zeigt, dass in der Folge erheblicher weiterer Forschungsbedarf entstehen sollte.

---

[1] Siehe Skalen zum *collective self-esteem* (Crocker/Luhtanen, 1992) auf S. 4f.

Zum einen erweiterte Marsh selbst diese Theorie, indem er das effektiv höhere Schulnotenniveau an sozio-ökonomisch niedrigeren bzw. leistungsschwächeren Schulen als moderierenden Faktor seines BFLPE ermitteln konnte (Marsh, 1987). Außerdem erwiesen die Studien aus den Jahren 2003 und 2006 von Marsh/ Tracey/Craven, dass sich der Leistungsvergleich in einer heterogenen Lerngruppe negativer auf akademisch benachteiligte Schüler auswirkt als auf jene, die in homogenen, leistungsschwächeren Lerngruppen ihren Bezugsrahmen besitzen.

Zum anderen umfasst diese grundlegende Theorie, gerade weil sie zunächst erst einmal derartig weit formuliert ist, einen äußerst weiträumigen Raum vertiefender psychologischer Konstrukte, sodass auch andere Autoren die basierenden Annahmen auf andere Art und Weisen untersuchten, bzw. andere moderierende Einflüsse untersuchten. Die Studie *"Mere Categorization and the Frog-Pond Effect"* von Alicke/Zell/Bloom (2010) ist ein sehr gutes Beispiel für die zahlreichen Folgestudien, die das Ziel besaßen, den sogenannten Fischteicheffekt noch allgemeingültiger und präziser zu verifizieren. Die Probanden agierten in einem Test als menschliche Lügendetektoren und erhielten in der Folge ein verfälschtes Ergebnis. Ohne Wissen um die Ergebnisse der anderen Probanden wurde jeweils der Hälfte mitgeteilt, den fünften Platz in einer Zehner-Gruppe belegt zu haben, der anderen Hälfte den sechsten Platz. Manche der Fünftplatzierten erhielten zusätzlich die Information, quasi in einer aus fünf Personen bestehenden „Unter-Gruppe" dieser 10, jeweils den letzten Platz in der besseren der beiden, bzw. die Sechstplatzierten den ersten Platz der besseren Unter-Gruppe belegt zu haben. Es zeigte sich, dass der Unterschied zwischen den Selbsteinschätzungen der Probanden mit der zusätzlichen 5er-Gruppen-Information zwischen den Erst- und Letztplatzierten signifikant größer war als die Differenz in der Selbsteinschätzung zwischen jeden Probanden, die lediglich Kenntnis über die Mittelfeldränge 5 und 6 in der 10er-Gruppe verfügten.

Wie erwähnt, existiert eine lange Reihe vertiefender Forschungen zu den moderierenden Faktoren dieses Bezugsgruppeneffekts. Während sich einige Untersuchungen mit institutionellen Rahmenbedingungen, wie dem genannten differierenden Schulnotenniveau, beschäftigen, konzentrieren sich andere auf weitere individuelle psychologische Charakteristika der Probanden.

So auch Cathy McFarland und Roger Buehler, die in ihrer gemeinsamen Arbeit *„Collective self-esteem as a moderator of the frog-pond effect in reactions to performance feedback"* (1995) vier ähnliche, aber in ihrem exakten Zielen differenten, Studien zusammenfassten. Jede dieser vier darin vorgestellten Studien beschäftigt sich mit dem Einfluss des Kollektiv-Selbstbewusstseins auf verschiedene Arten von Feedback. Wie bei anderen Studien in dieser Forschungsrichtung ebenfalls, interessiert es hierbei besonders, wie Individuen reagieren, wenn sie gutes Feedback in einer schlechten In-Group bzw. schlechtes Feedback in einer leistungsstarken Gruppe im Vergleich zu einer anderen erhalten.

Um die folgenden Ausführungen zu den beiden Studien wirklich exakt verstehen zu können, ist die Betrachtung dieser Variable des *collective self-esteem* von großer Bedeutung. Übersetzt man diese Formulierung ins Deutsche, erhält man etwas wie „Kollektiv-Selbstbewusstsein". Sowohl Forschende, die sich mit Minderheiten beschäftigen, als auch Sozialpsychologen verwenden eine möglichst valide Operationalisierung dieses Begriffs die Mitgliedschaftssubskala von Luhtanen und Crocker (1992). Erst durch die genauere Betrachtung der genauen Indikatoren dieser vier Subskalen wird deutlich, was *collective self-esteem* genau meint und worin dabei eine Verbindung zum Bezugsgruppeneffekt herzustellen ist.

1) *Membership* misst die Wahrnehmung des Individuums hinsichtlich seines Werts als Mitglied einer sozialen Gruppe.

2) Die Subskala *Private* misst die persönliche Zufriedenheit ein Mitglied der eigenen Gruppe(n) zu sein.

3) *Public* misst die Reflexion des Gruppenmitglieds, wie andere die eigene Gruppe wahrscheinlich sehen.

4) *Identity* misst den selber wahrgenommen Einfluss der Gruppenzugehörigkeit auf die eigene Persönlichkeit, bzw. auf das eigene Selbstbild.

Basierend auf *dieser* Definition dessen untersuchten Buehler und McFarland den Einfluss des *collective self-esteem* auf unterschiedliche Arten von Feedback nach einem ähnlichen experimentellen Ablauf einiger klassischer Studien zum *Frog-Pond* Effekt.

3. Empirischer Erkenntnisstand

Da durch die vorangegangenen Studien der damals letzten Jahre bereits erwiesen war, wie sich diese einfache randomisierte Zuweisung auf akademische Selbstkonzepte auswirkt (Marsh et al. 1984, 1987), standen in den folgenden Jahren die Präzisierung von Aussagen über sämtliche moderierende Faktoren, bzw. in diesem Fall über das „Innenleben" der Individuen im Fokus der Forschung. Im Hinblick auf das im Vorfeld erläuterte *collective self-esteem* ist es die erste Arbeit, die untersucht, wie sich das stärkere bzw. schwächere Vorhandensein eines solchen bei unterschiedlichen Arten von Feedback auf Selbstkonzepte und die eigene Evaluation auswirkt.

6

3.1. Studie 1

Wie bereits erwähnt, bedienen sich Buehler/ McFarland in drei von vier Fällen hier dem cha-
rakteristischen Versuchsaufbau in der BFLPE-Forschung insofern, dass die Probanden zufällig einem Spitzenresultat einer leistungsschwachen oder einem schlechten Ergebnis der Gruppe mit besserer Leistung zugeordnet werden. Einmal jedoch, und das wird während den weiteren Ausführungen zu Studie 1 deutlich werden, ist diese Hierarchisierung innerhalb der In-
Group nicht notwendig, da sich das Interesse auf die Zugehörigkeit zur eigenen Gruppe bzw.
auf den Vergleich mit einer anderen sozialen Out-Group *generell* richtet.

Ehe eine Zusammenfassung der Studien erfolgen wird, erscheint es am sinnvollsten, jede der
beiden Untersuchungen zunächst einmal für sich selbst zu betrachten.

Studie 1 stellt zu Beginn folgende Forschungshypothesen in den Raum:

Hypothese 1: Individuen mit stärker ausgeprägtem *collective self-esteem*[2] zeigen stärker pola-
risierte Reaktionen — sowohl in emotionaler Hinsicht als auch bezüglich der Evaluation ihrer
eigenen Fähigkeiten.

Hypothese 2: Deutlich geringere Unterschiede hinsichtlich der abhängigen Variablen, der
Reaktion der Probanden, werden für Individuen mit geringem *collective self-esteem* erwartet,
da — und das wird durch einen Blick auf die Indikatoren dessen des Kollektiv-
Selbstbewusstseins deutlich — die Probanden die Zugehörigkeit zu dieser sozialen Gruppe
aus den diversesten aufgeführten Gründen nicht als derart wichtig erachten.

Bei den Probanden handelte es sich bei allen vier Studien der Arbeit um studentische Teil-
nehmer diverser Einführungskurse der Simon Fraser Universität in Kanada. Als Gegenleis-
tung für die Teilnahme standen jeweils entweder 6 Dollar oder Kurs-Credits zur Auswahl. Die
Cover-Story verschleierte den Zusammenhang beider Bestandteile von Studie 1 und verwies
auf die lediglich thematisch bestehende Verknüpfung der Interessen beider Forscher, der die
direkte Abfolge von Fragen zur Gruppenwahrnehmung einerseits und zur Reaktion auf grup-
penbezogenes Feedback andererseits verbinden würde.

Zunächst wurde das jeweilige *collective self-esteem* eines jeden Probanden mit Hilfe der Subskalen von Crocker/ Luhtanen (1992) ermittelt. Alle Probanden, deren Ergebnisse genau dem
Mittelwert entsprachen oder niedrigere Werte erreichten, tauchen in der Folge in der Katego-
rie *low collective self-esteem* auf, alle Probanden mit höheren Werten in diesem Test unter

---

[2] Entspricht der unabhängigen Variable.

7

high collective self-esteem. Zudem diente eine *self-monitoring scale* (RSES) von Rosenberg (1965) dazu, die Coverstory aufrecht zu erhalten, indem dadurch weitere Persönlichkeitszüge der Probanden ermittelt wurden. Nachdem ihnen in der Folge der Fragebogen zu ihren Reaktionen auf das Leistungslevel ihrer sozialen Gruppe vorgelegt wurde, wurde den Probanden mitgeteilt, dass sie zunächst Informationen darüber erhalten sollten, wie ihre Gruppe bei einem Test zum sozialen Wahrnehmungsvermögen abgeschnitten hätte. Weiterhin wurde die Bedeutung eben dieses Vermögens zusätzlich als wichtiger Faktor für das Gelingen sozialer und arbeitsmarktbezogener Beziehungen herausgehoben. Jeder der Probanden erhielt die Informationen, dass 175 Studenten der Universität getestet wurden und dass dabei Punktzahlen von 0 bis 100 erreichbar waren.

Probanden in mit der Bedingung, der schlecht performenden Gruppe anzugehören erhielten die Information:

> "SFU students, as a group, are not doing well on the test and are performing worse than students from various community colleges in the local area. The average score of SFU students is 45 out of 100 points. The highest score of this group is 70 and the lowest score is 20."

Abbildung 1: Feedback schlecht performende Gruppe.[3]
Quelle: Buehler/ McFarland (1995), S. 1057.

Probanden in mit der Bedingung, der schlecht performenden Gruppe anzugehören erhielten die Information:

> "SFU students, as a group, are doing quite well on the test and are performing better than students from various community colleges in the area. The average score of SFU students is 75 out of 100 points. The highest score of this group is 100, and the lowest score is 50."

Abbildung 2: Feedback stark performende Gruppe.
Quelle: Buehler/ McFarland (1995), S. 1057.

Anschließend bewerteten sie auf einer Skala von 1 (gar nicht) bis 9 (stark) ihren emotionalen Zustand bezüglich folgender Attribute: glücklich, zufrieden, erfreut, enttäuscht, traurig und kompetent. Zusätzlich bewerteten sie ihr eigenes soziales Wahrnehmungsvermögen in ver-

---

[3] SFU students: Studenten der Simon Fraser Universität

schiedenen Dimensionen, teils durch sehr ähnliche Fragen. Hauptsächlich ging es dabei um Evaluation der Qualität dieser Fähigkeit im Vergleich mit anderen Menschen ganz im Allgemeinen und die Wahrscheinlichkeit, diese Fähigkeit später in der eigenen Karriere tatsächlich zu benötigen. Außerdem wurden die Probanden dazu aufgefordert, das Leistungsniveau der SFU-Studenten zu bewerten und zudem *nochmals*, die Bedeutung der Fähigkeit überhaupt zu evaluieren. All das geschah ebenfalls auf Bewertungsskalen von 1 (gar nicht) bis 9 (stark/sehr). Dabei dienten letztere beide Fragen lediglich zur Überprüfung des Erfolgs der Manipulation durch das zufällig gegebene Feedback. [4] Dass die Manipulation erfolgreich war, lässt sich an den Mittelwerten 6,20 bei der leistungsstarken Gruppe und 5,23 bei der leistungsschwachen Gruppe auf die Frage, wie es um das soziale Wahrnehmungsvermögen ihrer Gruppe stehe, verifizieren.

Ergebnisse Studie 1:

Bei der Messung der Reaktionen der Probanden auf das Feedback fand eine schlichte Mittelung aller Werte statt. Die innere Konsistenz wird dabei mit $\alpha = .89$ als sehr hoch angegeben.

Wie Buehler/ McFarland schon in ihrer Forschungshypothese vermuteten, zeigen die Betrachtung der Reaktionen in der Tat die klare Tendenz, dass Individuen mit stärkerem *collective self-esteem* deutlich stärkere Schwankungen in der Bewertung unterschiedlich guter Feedbacks zeigen. Die Probanden mit hohem Kollektiv-Selbstbewusstsein erreichten bei einem erfolgreichen Abschneiden den höheren Mittelwert M = 6,75 als jene mit niedrigem (M = 5,33).

Die Ergebnisse sind in folgender Tabelle zusammengefasst:

Table 1

Mean Reactions to Feedback as a Function of Group Performance Level and Private Collective Self-Esteem (Study 1)

Private collective self-esteem	Group performance level	
	High	Low
Low collective esteem		
M	6.09$_{ab}$	6.14$_{ab}$
SD	0.88	1.27
N	12	15
High collective esteem		
M	6.76$_a$	5.33$_b$
SD	1.45	0.92
N	13	11

Note. Higher scores on this index indicate more favorable reactions to group performance feedback. Within rows and columns, means not sharing a common subscript differ significantly at the .05 level.

Tabelle 1: *Mean reactions to feedback as a function of group performance level and private collective self-esteem.*

Quelle: Buehler/ McFarland (1995), S. 1058.

---

[4] Alle 51 Probanden tauchen in der Auswertungstablle in der Studie auf. Zudem wird explizit noch einmal erwähnt, dass die Manipulation bei allen Teilnehmern erfolgreich war.

Tabelle 1 fasst die Ergebnisse von Studie 1 in aller Kürze zusammen:

Die Verifizierung von Hypothese 1, dass die Werte bei unterschiedlichen Ergebnissen in der *high collective self-esteem*-Gruppe stark polarisieren, zeigt sich durch M (*high performance level*) = 6,76 und M (*low performance level*) = 5,33. Das Paradoxe an der Bestätigung von Hypothese 2 hinsichtlich der *low collective esteem*-Gruppe ist zwar nicht, dass diese mit M (*high performance*) = 6,09 und M (*low performance*) = 6,14 nur äußerst gering von einander differieren, jedoch, dass der Gruppe mit geringem *collective self-esteem* ihre Referenzgruppe derart gleichgültig ist, dass selbst ein Erfolg gegenüber einer anderen Gruppe nicht einmal zu einer minimal höheren Zufriedenheit in der Folge führt.

3.2. Studie 2

Studie 2 von Buehler/McFarland versucht die gewonnenen Erkenntnisse aus Studie 1 noch ein wenig stärker zu differenzieren, indem sie nicht lediglich die bloße Gruppenzugehörigkeit unterschiedlicher Leistungsstärken in ihren Fokus rückt, sondern, durch die Betrachtung Leistungsstarker in schwachen und Leistungsschwacher in starken Gruppen, in unmittelbarer Tradition der klassischen BFLPE-Forschung steht.

Anknüpfend an Studie 1 geht man bei dieser Studie zunächst von drei verschiedenen Forschungshypothesen aus:

Hypothese 1: Individuen mit niedrigem *collective self-esteem* sind stärker durch den *Frog-Pond* Effekt betroffen als solche mit einem hohen.

Hypothese 2: Es ist förderlicher für das Feedback eben dieser, wenn sie eine in der Gruppe verhältnismäßig gute Leistung bringen als eine objektiv bessere Arbeit im Umfeld leistungsstärkerer Individuen.

Hypothese 3: Individuen mit höherem *collective self-esteem* zeigen sich hinsichtlich ihrer Reaktionen verhältnismäßig unbeeindruckter von dieser Art von Feedback.

Die Probanden für diese Studie gewann man unter denselben Konditionen wie in Studie 1, jedoch sprechen wir hier von sieben Studenten mehr, also von 58. Obwohl wiederum die in Studie 1 bereits aufgetauchte *social perceptiveness* Bestandteil der *Cover-Story* ist, ist diese leicht verändert: der Zusammenhang der Persönlichkeitsfragen im Vorfeld und der Ergebnisse des *social perceptiveness*-Tests wird nicht abgestritten.[5] Jedoch wird den Studenten das For-

---

[5] Wiederrum wurde die Fähigkeit *social perceptiveness* als eine der elementaren Fähigkeiten betont, um in verschiedenen Lebensbereichen in Zukunft erfolgreich zu sein.

schungsinteresse hinsichtlich des anschließenden Tests zur Reaktion der Probanden auf die Ergebnisse verschwiegen.

Zunächst wurden die Probanden erneut mit dem Test von Crocker/Luhtanen (1992) und weiteren Füllfragen auf ihren *collective self-esteem* getestet, um in der Folge, ähnlich wie in Studie 1, in „hoch" und „niedrig" unterteilt werden zu können. Hier jedoch unterteilte man die Probanden aufgrund der Daten dieses Tests in drei statt zwei Gruppen, um noch präzisere Ergebnisse erhalten zu können. Das mittlere Tertil verschwindet in der Folge von Studie 2 aus den Ergebnissen.

Die manipulierten Ergebnisse unterteilen sich zum einen in Teil 1, einer persönlichen, kurzen Rückmeldung über die ganz persönlichen Ergebnisse des Probanden und zum anderen in Teil 2, einer ähnlich kurzen Bewertung der gesamten SFU im Vergleich zu einer anderen. Das Feedback wird in folgender Weise manipuliert:

Feedback Teil 1: Jeder der Probanden erhält als Feedback ein Ergebnis von 60/100 im *social percepectiveness*-Test. Die Zusatzinformationen zu dieser Punktzahl differieren jedoch. Die Probanden der manipulierten, stark performenden Gruppe[6] sind 15 Punkte besser als der Durschnitt der 175 SFU-Studenten und nur 30% derer hätten besser als sie selbst abgeschnitten. Im Gegensatz dazu erhielten die schlecht performende Gruppe die Rückmeldungen, 15 Punkte schlechter als der SFU-Durchschnitt zu sein und nur 30% ihrer Konkurrenten hinter sich gelassen zu haben.

Feedback Teil 2: Die Probanden der schlechteren Gruppe erhielten die Information, ihre Hochschule hätte im Vergleich insgesamt mit einem Durchschnitt von 75, einer Bestleistung von 100 und einer schlechtesten Leistung von 50 Punkten relativ gut abgeschnitten. Die Probanden der besseren Gruppe erhielten die Information, ihre Hochschule hätte im Vergleich insgesamt mit einem Durchschnitt von 45, einer Bestleistung von 70 und einer schlechtesten Leistung von 20 Punkten relativ schlecht abgeschnitten.

Abschließend folgte der gleiche Test zur emotionalen Reaktion auf das Feedback und dem danach vorzufindenden akademischen Selbstkonzept wie in der bereits vorgestellten Studie 1.

---

[6] „Gruppe" bezieht sich in diesem Abschnitt nicht auf eine *In-Group*, sondern darauf, ob die Probanden *selbst* zufällig als stark oder schwach abschneidend manipuliert wurden.

Ergebnisse Studie 2:

Table 2
Mean Reactions to Feedback as a Function of Private Collective Self-Esteem and Type of Performance Feedback

	Type of feedback	
Private collective self-esteem	Low individual/ high group	High individual/ low group
Low collective esteem		
M	4.48$_b$	6.82$_a$
SD	0.81	0.71
N	12	10
High collective esteem		
M	6.10$_a$	6.69$_a$
SD	0.95	0.59
N	10	12

Note. Higher scores on this index indicate more favorable reactions to feedback. Within rows and columns, means not sharing a common subscript differ significantly at the .05 level. Participants in the high-individual/low-group-performance condition were informed that they occupied a high relative position within an unsuccessful group, whereas those in the low-individual/high-group-performance condition were informed that they occupied a low relative position within a successful group.

Tabelle 2: *Mean reactions to feedback as a function of private collective self-esteem and type of performance feedback.*[7]

Quelle: Buehler/ McFarland (1995), S. 1060.

Tabelle 2 zeigt, dass die Forschungshypothesen sich bestätigt haben. Überprüfung Hypothese 1: Hypothese 1 bestätigt sich in zwei verschiedenen Hinsichten. Zum einen zeigen die Probanden mit höherem *collective self-esteem* mit M = 6,10 eine deutlich positivere Reaktion auf ihr schlechtes Ergebnis in der jeweiligen starken *In-Group* als die Proabenden mit einem niedrigen Kollektiv-Selbstbewusstsein mit M = 4,48. Zum anderen ist die Differenz mit 2,34 Punkten bei der *low collective self-esteem*-Gruppe zwischen den beiden verschiedenen Arten von Feedback bemerkenswert größer als der Unterschied, wenn eine *high collective self-esteem*-Gruppe gutes oder schlechtes Feedback erhält: Unterschied hier lediglich 0,59 Punkte.[8] Wie aus der Überprüfung von Hypothese 1 bereits hervorging, ist es selbstverständlich für die *low collective self-esteem*-Gruppe, wie erwartet, förderlicher, *verhältnismäßig* gut innerhalb einer schlechteren *In-Group* abzuschneiden. Auch die Bestätigung von Hypothese 3 ist durch den Nachweis eines verhältnismäßig geringen Effekts auf die Gruppe mit höherem Kollektiv-Selbstbewusstsein bestätigt worden.[9]

Einschränkend ist zu bemerken, dass selbstredend keine dieser, auch im Vorfeld genannten Studien, den Anspruch auf absolute Genauigkeit erheben kann, gerade weil es derartig viele moderierende, nicht gleichzeitig messbare Faktoren gibt. Jedoch wurde bei der Messung des

---

[7] Die Manipulation hinsichtlich des Abschneidens der Probanden beim *social perceptiveness*-Test war auch in Studie 2 erfolgreich.
[8] Siehe Tabelle 2.
[9] Siehe Hypothesen 2 und 3 von Studie 2 auf S. 8.

12

collective self-esteem die äußerst anerkannte Grundlage von Crocker/Luhtanen (1992) verwendet, um die Probanden den beiden verschiedenen Gruppen zuzuordnen.

In den beiden vorgestellten Studien stand die Fähigkeit der *social perceptiveness* im Fokus
der Leistungsmanipulation der Probanden. Zwar wurde der Erfolg der Manipulation kontrol-
liert, jedoch sind viele Faktoren hinsichtlich der eigenen Perspektive auf die eigene Fähigkeit
und die der anderen SFU-Studenten nur äußerst schwer genau messbar.

Nichtsdestotrotz: die Ergebnisse — und das zeigt die erfolgreiche Einordnung der Ergebnisse
in die Erkenntnisse anderer Studien — sind in ihrer Tendenz nicht in Frage zu stellen, denn
die Forschungsmethodik gleicht ähnlichen Forschungen in ihrem Aufbau sehr und zudem
wurde mit den Crocker/Luhtanen-Skalen zur Messung des Kollektiv-Selbstbewusstseins eine
äußerst anerkannte und valide Methodik zur Messung der unabhängigen variablen verwendet.

Im Hinblick auf die nun folgende Anwendung auf Situationen im Schulalltag können diese
Erkenntnisse aufgrund der Vielschichtigkeit von Schülerpersönlichkeiten, Schülerstrukturen
und der Lehr- und Lernsituationen bei weitem nicht absolut *lückenlos* zur Erklärung von ge-
bildeten akademischen Selbstkonzepten, Feedbackverarbeitung und emotionalen Reaktionen
dienen, sie sind aber fraglos äußerst wert, sie in die Planung von Unterricht und in das generelle persönliche Verständnis über die eigenen unterrichteten Lerngruppen einzubeziehen.

4. Schlussfolgerungen für Lehr- und Lernkontexte

4.1. Einordnung und Übertragung der Ergebnisse auf die Schul-Praxis

Um in der Lage zu sein, Schlussfolgerungen aus den dargestellten, gewonnenen Erkenntnis-
sen abzuleiten, erscheint es zunächst sinnvoll, noch einmal zusammenfassend die Ergebnisse
auf ihre Kernpunkte herunter zu brechen. Dass es für die für die Verarbeitung von Feedback
für die Motivation und das überarbeitete eigene akademische Selbstkonzept förderlicher ist,
ein „großer Fisch" in einer Gruppe von sonst eher schwächeren Individuen zu sein, war schon
durch zahlreiche Studien im Vorfeld der dargestellten deutlich und evident geworden. Neu ist
der Einfluss des sogenannten *collective self-esteem* auf den Umgang mit unterschiedlich gu-
tem Feedback; und genau dieser Aspekt ist doch der einzig Klare. Ob es als Anleitung für die
Praxis besser ist, das Leistungsniveau gering zu halten, um am Ende eine große Zahl starker
Schüler zu erhalten, dabei aber, vernachlässigt man die motivationale und emotionale Ebene,
den Schülern auf einer objektiven Leistungsebene zu schaden, geht aus diesen Studien nicht
hervor. *Eindeutig* wird, dass sich *collective self-esteem* positiv auf die Feedbackverarbeitung
auswirkt.

Was eine Lerngruppe *insgesamt* betrifft, so wird in Studie 1 deutlich, ist es von entscheidender Bedeutung, wie viel Gewicht der Gruppe und dem eigenen Beitrag zu dieser durch den jeweiligen Schüler beigemessen wird. Anders formuliert: Fühlen Schüler sich einer Lerngruppe bzw. Klasse oder Kurs nicht ausreichend zugehörig oder empfinden sie, dass sie keinen entscheidenden Anteil an Lernergebnissen haben, ist ihnen das Gelingen eines Lernprozesses wesentlich gleichgültiger, als wenn die individuelle Zugehörigkeit eines jeden betont und möglichst viele individuelle Beiträge zum Unterricht angemessen gewürdigt und transparent gemacht werden.

Die Bedeutung, die dieses Kollektiv-Selbstbewusstsein auf den Umgang mit Feedback besitzt, wird aus einer ähnlichen, aber etwas anderen Perspektive in Studie 2 deutlich. Ist das Zugehörigkeitsgefühl, der Wert der eigenen *In-Group* und die Bewertung des eigenen Beitrags zu deren Ergebnissen eher hoch, ist die Verarbeitung eines schlechten Ergebnisses in dieser sonst starken Gruppe deutlich positiver, als bei ausgegrenzten Schülern, die durch den Lehrer eben nicht dieses Selbstbewusstsein vermittelt bekommen. Zudem ist hinsichtlich der Qualität der Verarbeitung des Feedbacks ein großer Unterschied in der *low collective self-esteem*-Gruppe zu verzeichnen, wenn dieses unterschiedlich gut ausfällt. Auch hierin liegt also ein Argument für die Vermittlung eines kollektiven Selbstbewusstseins durch die Lehrperson. Im Gegensatz dazu ist es, statistisch gesehen, bei *hohem* Kollektiv-Selbstbewusstsein zwar signifikant, wie stark die individuelle Leistung im Vergleich zur eigenen *In-Group* war, jedoch bei weitem nicht in derartiger starker Art und Weise wie bei *niedrigem*.

4.2. Schlussfolgerungen für die Schul-Praxis

Ziel ist es, so wird sowohl in den beiden vorgestellten Studien, aber auch in den anderen beiden Studien der soeben hauptsächlich vorgestellten Forschungsarbeit deutlich, einen Unterricht zu gestalten, der die Bildung des sogenannten *collective self-esteem* begünstigt. Welche Elemente ein solches förderliches Konzept beinhaltet, wurde bereits im Theorieteil dieser Arbeit deutlich, als die Bestandteile der Crocker/Luhtanen-Skalen vorgestellt. Zusammengefasst geht es um den eigenen Wert als Bestandteil einer Gruppe, die eigene Zufriedenheit mit der Gruppe, das Ansehen der eigenen Gruppe in den Augen anderer und den Einfluss der eigenen Gruppe auf die eigene Persönlichkeits- und Selbstbildentwicklung.

Exakt geht es demnach um die Förderung *dieser* vier Ansichten bei den Schülern. Im Folgenden werden, geordnet nach diesen vier Elementen des *collective self-esteem*-Konzepts, Schlussfolgerungen und Möglichkeiten für den Schulalltag dargestellt werden, um diesen begünstigenden Faktor für die Feedbackverarbeitung zu verbessern. Dabei richtet sich die Konzentration auf die Lehrer-Schüler-Perspektive.

4.2.1. Individueller Wert eines Einzelnen für die Gruppe/-nleistung

Um dem Schüler ein solches Gefühl zu vermitteln, ist es von großer Bedeutung, die Beiträge zu einem gewissen Punkt im Unterrichtsprozess zu würdigen. Selbstredend verliert eine solche Emphase von Unterrichtsbeiträgen ihren Wert, wenn diese durch die Lehrperson entweder übertrieben oder gar sinnfrei vollzogen wird; wenn beispielsweise lediglich *elementarste* Kenntnisse und Fähigkeiten eingebracht werden. Dabei steht nicht nur das Lob im Mittelpunkt, sondern auch die Schaffung der, auch in anderen psychologisch Kontexten wichtigen, Transparenz des Unterrichtsprozesses. Ohne Frage ist aber die Beachtung dessen, welcher Beitrag wie genau zu welchem minimalen Unterrichts-Zwischenergebnis geführt hat, zum einen weder stets möglich, zum anderen aber auch zeitintensiv und kann durch die Schüler durchschaut werden. Hier ist, wie auch bei den anderen Komponenten, der zielgerichtete, subtile und nicht inflationäre Einsatz solcher Maßnahmen oberste Prämisse.

Weniger den allgemeinen Umgang mit den Schülern im Unterricht betreffend, sondern eher methodisch ausgerichtet, ist die Schlussfolgerung, seinen Unterricht differenziert zu gestalten. Wenn immer Erkenntnisse in der Lehr- und Lernpsychologie Anwendung finden sollen, so ist, zumindest nahezu stets, *ein* Schlüsselbegriff die „Differenzierung"; und so auch hier. Differenzierung macht es, im Gegensatz zu einem permanenten Wechsel aus Unterrichtsgespräch im Plenum und Einzelarbeit, zur Maßgabe, Unterrichtsergebnisse arbeitsteilig zu erarbeiten. Die Formen sind dabei vielfältig: Die bekannte Gruppenarbeit in 4er-Gruppen ist dabei nicht oberstes Gebot. Es geht vielmehr um den verstärkten Einsatz von Unterrichtsformen, die individuelle Beiträge von Schülern bedeutend machen und dies auch deutlich gemacht wird. Die Reichweite erstreckt sich dabei von konkurrierender Gruppenarbeit, über Projekte und Theaterarbeit, bis hin zu einem ganz allgemeinen Verständnis des Lehrerkollegiums, dass gerade die individuellen Fähigkeiten lernschwacher Schüler Gelegenheiten finden, sichtbar zu werden.

4.2.2. Zufriedenheit mit der eigenen Gruppe

Hierbei ist es sinnvoll für die Lehrperson, Erfolge der Gruppe insgesamt zu betonen bzw. transparent zu machen. Auch hier gilt die Prämisse, dies authentisch und in angemessener Weise zu tun. Dies ist kein Verbot, als Lehrer Enttäuschung über die Leistung in einer Arbeit oder gar einer einzelnen Stunde auszudrücken, sondern eher eine Aufforderung, nicht *aus-*

schließlich Missstände bezüglich Motivation, Engagement oder Leistung zu monieren. Anders als oft in der Praxis erlebt, geht auch wieder um die generelle Perspektive der Lehrperson auf Unterricht: Gute Leistung und Lerneinstellung sind keine absolute Voraussetzung, gerade bei Kindern. Nicht nur herausragende Zustände derer sollten gelobt, sondern auch befriedigende als solche deutlich gemacht werden. Stichwort ist auch hier die Transparenz. Gerade gegen Ende der Stunde, befriedigt die Zusammenfassung des Erreichten die Schüler eher, als stetig anhaltendes, intensives Arbeiten und ggf. aufgegebene Hausaufgaben bis zum absoluten Ende der Stunde.

Ein anderer Aspekt ist als Lehrperson nur äußerst schwer zu steuern: Sind Schüler innerhalb des Klasse ausgegrenzt, sind die Grenzen für den Handlungsspielraum der Lehrperson zumindest weitgehend auf den Unterrichtszeitraum begrenzt. Während offensichtliches Mobbing oder „lediglich" Ausgrenzung im Unterricht geahndet und präventiv behandelt werden kann, stößt der Lehrer bei Mechanismen im Klassenverbund, die entweder zu subtil funktionieren oder die nicht in einem solchen Maß deutlich werden, dass ein Einschalten der Eltern oder eine direkte, verbale Konfrontation als adäquate Mittel erscheinen, an seine Grenzen. Hier kann der Lehrer nur, falls Vorhanden, auf seine persönliche menschliche Vermittlerqualität bauen.

4.2.3. Zufriedenheit mit dem Ansehen der eigenen Gruppe in den Augen anderer

Hier gilt Ähnliches wie in Punkt 4.2.2.: Erfolge, im Vergleich zu Parallelklassen oder zu Klassen anderer Schulen, gelten transparent gemacht zu werden. Hierbei geht es nicht um das Ausspielen der Lehrpersonen oder Klassen untereinander, sondern um das punktuelle Aufzeigen stark ausgeprägter Fähigkeiten, Einstellungen und Leistungen. Dabei sind eine kollegiale Kommunikation und ein Austausch von diversen Informationen mit den entsprechenden Kollegen äußerst förderlich.

Nicht nur der Klassenverband, sondern auch die gesamte Schule kann ggf. zur *In-Group* in gewissen Kontexten für einen Schüler werden. Ist eine Schule in verschiedenen Formen des akademischen oder sportlichen Vergleichs äußerst erfolgreich, bekommen die Schüler ein Gefühl dafür, dass die jeweilige Klasse oder Schule auch in den Augen anderer über ein gewisses Ansehen verfügt. Gute Ergebnisse in punktuellen Bereichen in Vergleichsarbeiten oder sportlichen Schulwettkämpfen, sollten daher betont und die entsprechenden guten und verhältnismäßig schlechteren Ergebnisse in den Kontext dieses guten Niveaus gestellt werden, sodass auch leistungsschwachen Schülern im „großen, leistungsstarken Teich" deutlich wird, dass ein Perspektivwechsel bei der Sicht auf die eigene Leistung durchaus sinnvoll sein kann.

Hier liegen jedoch auch Gefahren hinsichtlich der Ausgrenzung leistungsschwacher Schüler im Sportunterricht.

4.2.4. Einfluss der *In-Group* auf die eigene Persönlichkeit und Selbstbild

Im Gegensatz zu einer individualistischen Kultur des Unterrichts, so wird in einer der anderen beiden Studien von Buehler/McFarland deutlich, sorgt das Bewusstmachen des Einflusses der Gruppe auf die jeweiligen Schülerpersönlichkeiten zu diesem förderlichen Konzept des *collective self-esteems*. Das Zugehörigkeitsgefühl zur Lerngruppe entsteht auch dadurch, dass deren Einfluss auf jeden stetig betont wird, was sowohl den Einfluss der akkumulierten Motivation, als auch Leistung und sozialer Gepflogenheiten betrifft. Davon zu sprechen, dass jeder Schüler ein uniformes Produkt der jeweiligen Gruppe sei, ist selbstredend Nonsens. Eine ausschließliche Betonung des Individuums hinsichtlich der Bildung der Schülerpersönlichkeiten und Leistungen ist allerdings genauso zu vermeiden.

Die beiläufige Kritik innerhalb des Unterrichts an mangelnder Leistungsbereitschaft oder Aufmerksamkeit lässt sich beispielsweise aus einer individualistisch geprägten Perspektive des Schülers vergleichsweise schwerer nachzuvollziehen, als bei einer Vermittlung des Gefühls, dass jeder *stets* und in *allen* Hinsichten ein Teil der Gruppe ist und die Arbeit genau dieses Verbundes durch sein Verhalten hemmt.

Unterrichtspraktische, offensichtliche Handlungsanweisungen sind nur sehr schwer aus diesem Bestandteil des *collective self-esteem* abzuleiten, denn die Einsicht, dass die Gruppe einen Einfluss auf die eigenen Persönlichkeit besitzt, kann sicherlich am effektivsten durch subtile Prozesse, wie durch kooperative Lernformen und den Umgang der Lehrperson mit den Schülern geschehen.

5. Fazit:

Insgesamt ist die grundlegende Erkenntnis, zumindest aus der Perspektive eines Lehrenden, dass nicht nur ein tutorielles Feedback wichtig für die Verarbeitung von Kritik bei Schülern von großer Bedeutung ist, sondern auch Kontextbedingungen des individuellen Denkens über die Lerngruppe insgesamt, aber auch des eigenen Beitrags zu deren Erfolg. Abgeleitet daraus gilt es, Erfolge und Fortschritte des Klassenverbandes, und dies wird häufig vernachlässigt, zu betonen bzw. den Schülern auch transparent zu machen. Zum anderen neben dem Fokus des Gruppenerfolgs auch den einzelnen Beiträgen der Schüler bei der Gabe von Feedback Rechenschaft zu leisten. Auf diese Art und Weise können Misserfolge als Gruppe gegenüber anderen *Out-Groups* emotional und motivational günstiger verarbeitet werden, aber auch individuelle Misserfolge innerhalb einer sonst gut arbeitenden Gruppe werden weniger als persönlicher Rückschlag gewertet, wenn dennoch die eigenen vorhandenen Fähigkeiten im Vorfeld der Leistungsüberprüfung sichtbar gemacht wurden.

6. Literaturverzeichnis

Alicke M. D./ Zell E./ Bloom D. L. (2010). Mere Categorization and the Frog-Pond Effect. Psychological Science, 21, 2, 174–177.

Buehler, R./ McFarland, C. (1995). Collective self-esteem as a moderator of the frog-pond effect in reactions to performance feedback. Journal of Personality and Social Psychology, Vol. 68, 6, 1055-1070.

Crocker, J./ Luhtanen, R. (1992). A Collective Self-Esteem Scale: Self-Evaluation of One's Social Identity, Personality and Social Psychology Bulletin, Vol. 18, No. 3, 302-318.

Davis, J. A. (1966). The campus as a frog pond: An application of the theory of relative deprivation to career decisions of college men. The American Journal of Sociology, 72, 17–31.

Marsh, H. W./ Parker J. H. (1984). Determinants of student self-concept: Is it better to be a relatively large fish in a small pond even if you don't learn to swim as well?, Journal of Personality and Social Psychology, Vol. 47, No. 1, 213-231.

Marsh, H. W. (1987). The big-fish-little-pond effect on academic self-concept. Journal of Educational Psychology, 79, 280-295.

Marsh, H. W. (2005). Big-fish-little-pond effect on academic self-concept. Zeitschrift für Pädagogische Psychologie, 19, 119-127.

Marsh, H. W./ Tracey, D. K./ & Craven, R. G. (2006). Multidimensional self-concept structure for preadolescents with mild intellectual disabilities: A hybrid multigroup-MIMC approach to factorial invariance and latent mean differences. Educational and Psychological Measurement, 66, 795–818.

Rosenberg, M. (1965). Society and the adolescent self-image. Princeton, New Jersey: Princeton University Press.

Tracey, D. K./ Marsh, H. W./ Craven, R. G. (2003). Self-concepts of preadolescent students with mild intellectual disabilities: Issues of measurement and educational placement. In Marsh H. W./ Craven R. W./ McInerney D. M. (Hrsg.), International advances in self research, 203–230, Greenwich, CT: Information Age.